Cliparts Series
Humour

SYBEX

Paris . San Francisco . Düsseldorf . Londres . Amsterdam

Publié par :
Editions Sybex
1 et 12, villa Coeur-de-Vey
75014 - Paris
Téléphone : 01 40 52 03 00
Télécopie : 01 45 45 09 90

IMSI

ISBN : 2-7361-2353-0

Licence d'utilisation

Protection du logiciel

Cliparts séries Humour : est protégé par un copyright et ne peut, de ce fait, être donné, copié ou revendu sans l'autorisation préalable de l'auteur ou de la société Sybex qui dispose du droit de reproduction et de commercialisation.

Important : En transférant ce logiciel sur votre disque dur, vous vous engagez à prendre connaissance des éléments suivants et à en respecter les principes. Au cas où vous vous trouveriez en désaccord avec ceux-ci, et avant toute utilisation, retournez le logiciel complet dans son emballage d'origine à l'endroit où vous l'avez acheté, pour un remboursement intégral.

Licence : Les Editions Sybex vous donnent le droit d'utiliser ce logiciel sur un seul ordinateur. Une utilisation réseau de ce logiciel n'est pas autorisée, ou bien nécessite un nombre de licences égal au nombre de machines sur lesquelles ce logiciel est en service, sur disques durs isolés ou bien en RAM réseau (pour chacune des stations ayant accès à ce logiciel depuis le site ressource).

Fin de licence : Cette licence restera en vigueur jusqu'à son terme, soit, dans l'hypothèse où vous ne respecteriez pas les clauses de cet engagement, jusqu'à ce que vous receviez des Editions Sybex un courrier vous avisant dudit terme. Vous devrez alors détruire tous textes et copies de ce logiciel, quel qu'en soit le support.

Copyright : Les fichiers informatiques contenus sur ce CD-ROM, les textes quel qu'en soit le support et le titre de ce logiciel sont la propriété de Sybex. Ce logiciel est protégé par le droit français et par le droit international sur la propriété intellectuelle. La version française de ce produit et tous les textes qu'elle comprend, quel qu'en soit le support, sont la propriété de Sybex.

Autres restrictions : Vous n'êtes pas autorisé à copier, modifier ou distribuer ce logiciel, sinon pour une unique sauvegarde personnelle. Toute utilisation non prévue dans le cadre de la présente licence est interdite. Vous ne pouvez transférer, copier, louer ce logiciel, ou renoncer à votre propriété sur ce logiciel, même au profit d'une personne attachée à respecter les principes énoncés ci-dessus.

Durée de garantie : Sybex garantit le support magnétique de ce logiciel pour une durée de 90 jours à partir de la date d'achat. Le support incriminé vous sera échangé contre le CD-ROM original, accompagné de la facture originale portant mention de la date d'achat.

Limites de garantie : Sybex ne saurait être tenu responsable des dommages directs ou indirects (tels que pertes de données, etc.) résultant de l'utilisation (ou d'une utilisation erronée) de ce logiciel. La responsabilité des contractants ne saurait en aucun cas excéder le prix d'achat de ce logiciel, dans la limite de la durée de garantie. Toute autre garantie non indiquée dans les présents articles ne saurait être la responsabilité des contractants.

Support technique : Le support technique de ce logiciel est assuré gratuitement par Sybex, que vous pouvez contacter soit par télécopie 24 heures sur 24, soit par téléphone aux heures de bureau.

Organisation du CD-ROM

Il se compose des éléments suivants :

- Le dossier Cliparts, qui contient les cliparts.
- Le dossier Acrobat, qui contient l'installeur d'Acrobat Reader, plus le dossier Quicktime.
- Le catalogue couleur au format PDF.

Cliparts

Ils sont répartis dans cet unique dossier.

Acrobat Reader

Pour consulter le catalogue au format PDF, il faut que Acrobat Reader soit installé. Pour cela, lancez SETUP.exe qui se trouve dans le Disk 1 (PC) ou double-cliquez sur AcroRead.mac (Mac). Suivez les instructions qui s'affichent à l'écran.

Catalogue

Ce fichier au format PDF est la présentation en couleur de la totalité des cliparts du CD-ROM. Pour vous déplacer dans ce document, utilisez les touches fléchées du clavier ou l'icône en forme de petite main. Vous pouvez aussi consulter l'aide en ligne d'Acrobat Reader.

Conseil d'utilisation

Pour accélérer l'affichage écran lors de la consultation du catalogue, vous pouvez copier celui-ci sur votre disque dur.

scan0001 scan0002 scan0003 scan0004 scan0005 scan0006 scan0007

scan0008 scan0009 scan0010 scan0011 scan0012 scan0013 scan0014

scan0015 scan0016 scan0017 scan0018 scan0019 scan0020 scan0021

scan0022 scan0023 scan0024 scan0025 scan0026 scan0027 scan0028

scan0029 scan0030 scan0031 scan0032 scan0033 scan0034 scan0035

scan0036 scan0037 scan0038 scan0039 scan0040 scan0041 scan0042

scan0043 scan0044 scan0045 scan0046 scan0047 scan0048 scan0049

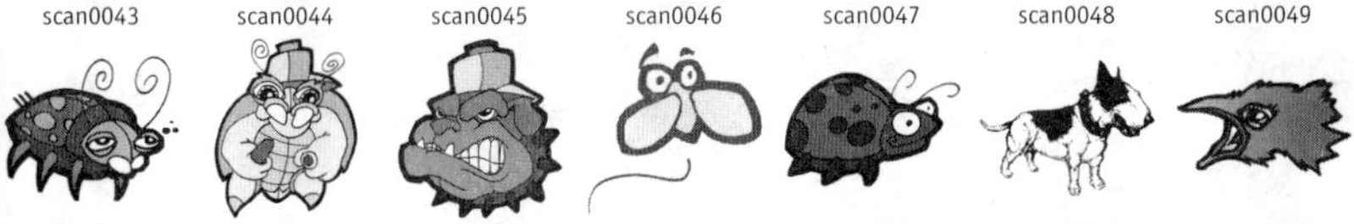

scan0050 scan0051 scan0052 scan0053 scan0054 scan0055 scan0056

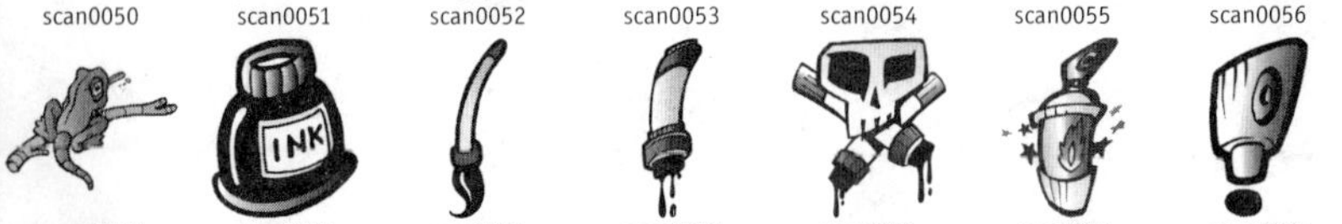

scan0057 scan1001 scan1002 scan1003 scan1004 scan1005 scan1006

scan1007 scan1008 scan1009 scan1010 scan1011 scan1012 scan2001

scan2002 scan2003 scan2004 scan2005 scan2006 scan2007 scan2008

scan2009 scan2010 scan2011 scan2012 scan2013 scan2014 scan2015

scan2016 scan2017 scan2018 scan2019 scan2020 scan2021 scan2022

scan2023 scan2024 scan2025 scan2026 scan2027 scan2028 scan2029

scan2030 scan2031 scan2032 scan2033 scan2034 scan2035 scan2036

scan2037 scan2038 scan2039 scan2040 scan2041 scan2042 scan2043

scan2044 scan2045 scan2046 scan2047 scan2048 scan2049 scan2050

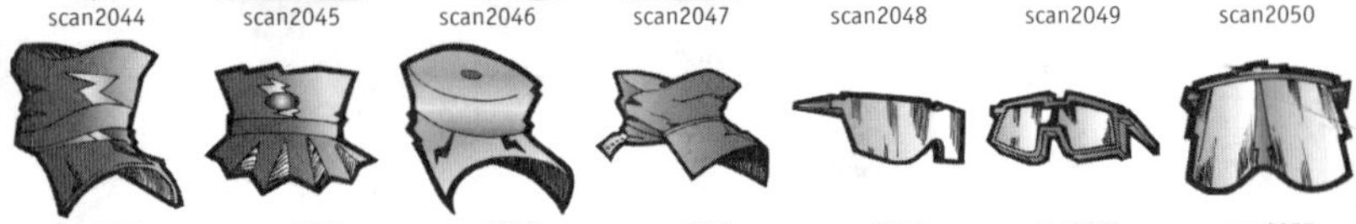
scan2051 scan2052 scan2053 scan2054 scan2055 scan2056 scan2057

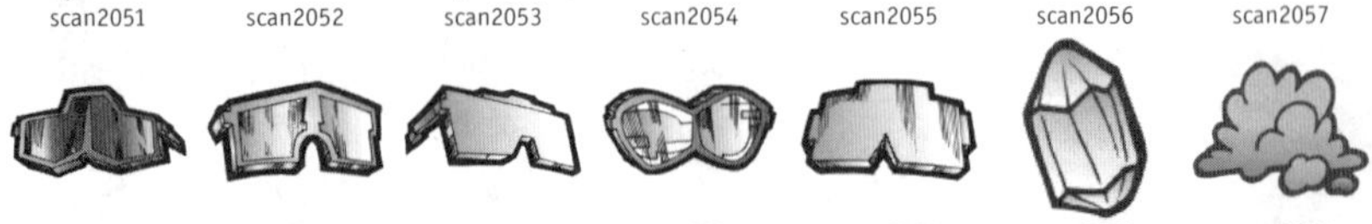
scan2058 scan2059 scan2060 scan2061 scan2062 scan2063 scan2064

scan2065 scan2066 scan2067 scan2068 scan3001 scan3002 scan3003

scan3004 scan3005 scan3006 scan3007 scan3008 scan3009 scan3010

scan3011 scan3012 scan3013 scan3014 scan3015 scan4001 scan4002

scan4003 scan4004 scan4005 scan4006 scan4007 scan4008 scan4009

scan4010 scan4011 scan4012 scan4013 scan4014 scan4015 scan4016

scan4017 scan4018 scan4019 scan4020 scan4021 scan4022 scan4023

scan4024 scan4025 scan4026 scan4027 scan4028 scan4029 scan4030

scan4031 scan4032 scan4033 scan4034 scan4035 scan4036 scan4037

scan4038 scan4039 scan4040 scan4041 scan4042 scan4043 scan4044

scan4045 scan4046 scan4047 scan4048 scan4049 scan4050 scan4051

scan4052 scan4053 scan4054 scan4055 scan4056 scan4057 scan4058

scan4059
scan4061
scan4062
scan4063
scan4064
scan4065
scan4066
scan4067
scan4068
scan4069
scan4070
scan4071
scan4072
scan4073
scan4074
scan4075
scan4076
scan4077
scan4078
scan4079
scan4080
scan4081
scan4082
scan4083
scan4084
scan4085
scan4086
scan4087
scan4088
scan4089
scan4090
scan4091
scan4092
scan4093
scan4094
scan4095
scan4096
scan4097
scan4098
scan4099
scan4100
scan4101
scan4102
scan4103
scan4104
scan4105
scan4106
scan4107
scan4108
scan4109
scan4110
scan4111
scan4112
scan4113
scan4114
scan4115
scan4116
scan4117
scan4118
scan4119
scan4120
scan4121
scan4122
scan4123
scan4124
scan4125
scan4126
scan4127
scan4128
scan4129

scan4130 scan4131 scan4132 scan4133 scan4134 scan4135 scan4136

scan4137 scan4138 scan4139 scan4140 scan4141 scan4142 scan4143

scan4144 scan4145 scan5001 scan5002 scan5003 scan5004 scan5005

scan5006 scan5007 scan5008 scan5009 scan5010 scan5011 scan5012

scan5013 scan5014 scan5015 scan5016 scan5017 scan5018 scan5019

scan5020 scan5021 scan5022 scan5023 scan5024 scan5025 scan5026

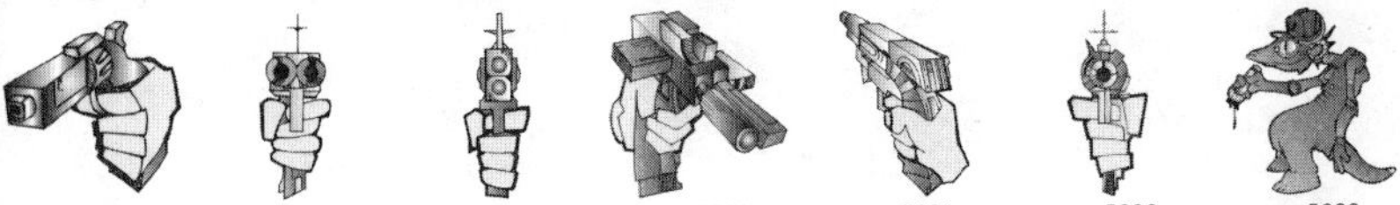

scan5027 scan5028 scan5029 scan5030 scan5031 scan5032 scan5033

scan5034 scan5035 scan5036 scan5037 scan6001 scan6002 scan6003

scan6004 scan6005 scan6006 scan6007 scan6008 scan6009 scan6010

scan6011 scan6012 scan6013 scan6014 scan6015 scan6016 scan6017

scan6018 scan6019 scan6020 scan6021 scan6022 scan6023 scan6024

scan6025 scan6026 scan6027 scan6028 scan6029 scan6030 scan6031

scan6032 scan6033 scan6034 scan6035 scan6036 scan6037 scan6038

scan6039 scan6040 scan6041 scan6042 scan6043 scan6044 scan6045

scan6046 scan6047 scan6048 scan6049 scan6050 scan6051 scan6052

scan6054 scan6055 scan6056 scan6057 scan6058 scan6059 scan6060

scan6061 scan6062 scan6063 scan6064 scan6065 scan6066 scan6067

scan6068 scan6069 scan6070 scan6071 scan6072 scan6073 scan6074

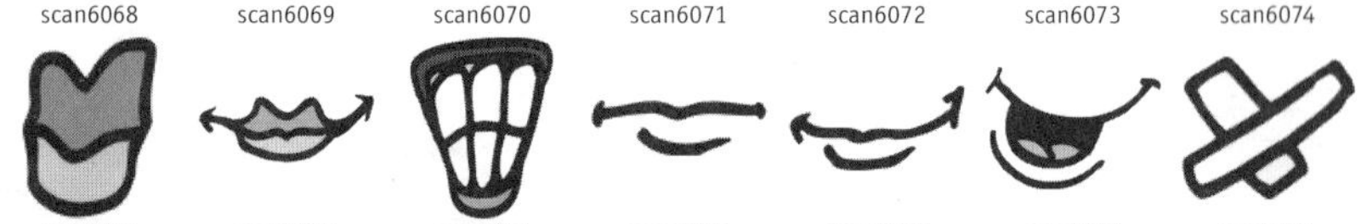

scan6075 scan6076 scan6077 scan6078 scan6079 scan6080 scan6081

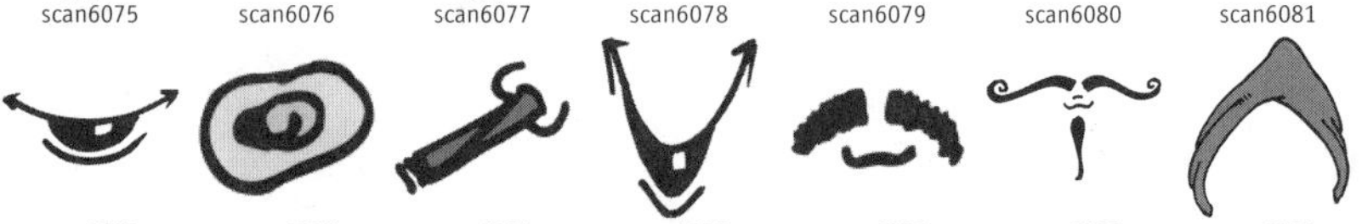

scan6082 scan6083 scan6084 scan6085 scan6086 scan6087 scan6088

scan6089

scan6090

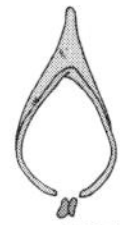
scan6091

scan6092

scan6093

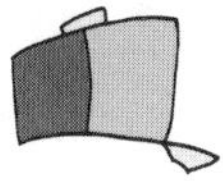
scan6094

scan6095

scan6096

scan6097

scan6098

scan6099

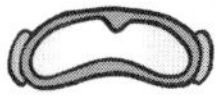
scan6100

scan6101

scan6102

scan6103

scan6104

scan6105

scan6106

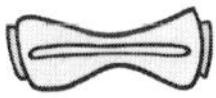
scan6107

scan6108

scan6109

scan6110

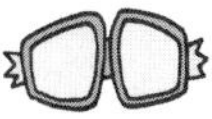
scan6111

scan6112

scan6113

scan6114

scan6115

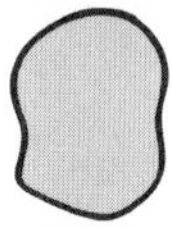
scan6116

SUPPORT TECHNIQUE

Pour bénéficier du support technique gratuit, merci de retourner ce formulaire rempli à Sybex.

Cliparts Séries Humour
– Formulaire d'enregistrement –

Nom et Prénom : ....

Société : ....

Adresse : ....

Ville : ....

Code Postal : ....

Téléphone : .... Télécopie : ....

Formulaire à renvoyer impérativement pour bénéficier du support technique sur ce produit.

Support technique :
Sybex 12, villa Coeur-de-Vey
75685 Paris Cedex

FRANCE

SYBEX FRANCE
Services administratif et éditorial
12, villa Coeur-de-Vey
75685 Paris cedex 14
Tél. : 01 40 52 03 00
Fax : 01 45 45 09 90
Minitel : 3615 SYBEX
(2,23 F/mn)

Service commercial
Comptoir de vente aux libraires
1, villa Coeur-de-Vey
75685 Paris cedex 14
Tél. : 01 44 12 61 30
Fax : 01 45 41 53 06
Support technique
Tél. : 01 44 12 61 36 ou 45

ETATS-UNIS : SYBEX Inc.
1151 Marina Village Parkway
Alameda, CA 94501,
U.S.A.
Tél. : (1) 510 523 8233
Fax : (1) 510 523 2373

ALLEMAGNE :
SYBEX VERLAG GmbH
Erkrather Str. 345-349
40231 Düsseldorf,
Germany
Tél. : (49) 211 97390
Fax : (49) 211 973 9199

PAYS-BAS :
SYBEX Uitgeverij BV
Birkstraat 95
3768 HD Soest,
Netherlands
Tél. : (31) 3560 27625
Fax : (31) 3560 26556

DISTRIBUTEURS ÉTRANGERS

BELGIQUE
PRESSES DE BELGIQUE
117, boulevard de l'Europe
B-1301 Wavre
Tél. : (32) 10 42 03 20
Fax : (32) 10 41 20 24

SUISSE
OFFICE DU LIVRE
Case Postale 1061
CH-1701 Fribourg
Tél. : (41) 37 835 111
Fax : (41) 38 835 466

CANADA
DIFFULIVRE
817, rue Mac Caffrey
Saint-Laurent - Québec H4T 1N3
Tél. : (1) 514 738 29 11
Fax : (1) 514 738 85 12

SYBEX EST PRÉSENT ÉGALEMENT DANS CES PAYS

Côte d'Ivoire
Espagne
Liban
Maroc
Portugal
Sénégal
Tunisie
et également,
dans les DOM-TOM.

24 heures sur 24 et 7 jours sur 7

Recevez, en direct sur votre fax, les sommaires détaillés de nos publications et un bon de commande en composant le 08 36 70 00 11*.
Pour recevoir notre documentation, il vous suffit d'appeler du combiné téléphonique de votre fax ou d'un téléphone branché sur la même prise téléphonique que votre fax ou votre modem-fax.

* Prix d'appel : 8,91 F la connection puis 2,23 F/mn quelle que soit votre région d'appel (uniquement France métropolitaine).